Les Z'animaux Barjos

Volume 1

Michaël Parent

Le ratel

Le ratel, champion de la baston

Cousin africain du glouton d'Amérique et de Scandinavie, le ratel est un excité du Serengeti. Sorte de Pépé le Putois bodybuildé et racailleux, il est l'autre face du sulfureux Casanova des Looney Tunes. Si Pépé le Putois fait dans la douceur et les boules puantes pour jouer la sérénade à la pauvre chatte ulcérée, le mustélidé sait, en virtuose de la baston, rendre la politesse.

Capable de s'attaquer à des insectes particulièrement venimeux comme à de grands herbivores, la bête fabrique du vaccin en exposant très tôt la marmaille aux piqûres de scorpions. Notons, cher lecteur, que le glouton d'Afrique excelle à faucher le miel à la ruche indifférent aux centaines de piqûres occasionnées. Imaginez Ragnar Lodbrock le jour de sa mort terrassé dans une fosse à serpents, ressusciter et ainsi raviver la légende Vikings à la rencontre du paganisme et du christianisme.

Eh bien, notre prodige de la castagne, pratique tous les jours la mort au combat et les résurrections d'un zombie impossible à tuer. Mordu sur le museau par un cobra, l'enfoiré tue sa proie, tombe dans un coma profond et se réveille d'entre les morts au point que la chimie relève de la magie.

C'est que la métabolisation des toxines relève des esprits et de la mystification. Pourvu de longues griffes de quatre centimètres, l'énervé a le talent pour intimider des prédateurs beaucoup plus gros que lui. Quand un lion ou un léopard se lance à ses trousses, il fait front plutôt que de se faire la belle. Avec sa technique d'un pas en arrière deux pas en avant, il impressionne par sa charge badine. Rien à envier au Moonwalk de Michael Jackson question chorégraphie. « Le Wolverine » d'Afrique peut aussi dégazer, pareil à la moufette pour débecter son adversaire avec sa « bombe au poivre » et se faire la malle in extremis. Véritable arme de destruction massive, le mustélidé arrache les testicules de son ennemi pour l'épuiser et occasionner une perte de sang abondante.

La saynète z'anibouffonne

Dans les splendides et infinies plaines du Serengeti, la saison des grandes migrations d'herbivores battait son plein. Le lion statuait de toute sa splendeur sur un promontoire vertigineux tandis qu'une ribambelle de prétendantes, de vassaux et de zannis bouffons tels des singes acrobates égayaient Sa Majesté. Le roi était respecté et pas un sujet n'avait osé défier son autorité et tenté de le déchoir de son trône. Au moment où le soleil jette ses derniers feux, quand vient l'heure de la chasse et de patrouiller sur son vaste territoire, le roi se mit à miauler comme un chaton. « Miaou, miaou », fit-il devant la reine qui le regarda interdite, avant d'être saisie d'un fou rire incontrôlable ; « Et comment je vais faire moi maintenant pour te mettre les bourses en action, lui lança-t-elle ? »

Couillonné et meurtri dans sa chair, le roi déchu se précipita vers son miroir pour s'y mater. Horrifié par ce qu'il vit, il voulut se cacher dans un trou de souris et faire ses besoins dans une litière pour chat. Le reflet que lui renvoyait la glace montrait l'image d'un chaton innocent et fébrile alors que sa crinière avait disparu d'un coup de baguette magique. Il se sentit aussi ridicule qu'un matou à qui on aurait voulu mettre le thermomètre au cul. Au détour d'une sieste crapuleuse avec la reine, celle-ci hurla, frustrée face à tant de déconvenues : « les bijoux de la couronne ont été volés, les bijoux de la couronne ont été volés », éructa la matriarche en parcourant le royaume pour en informer tous les sujets du roi.

En proie à une gigantesque hébétude, le roi, perdu et désœuvré affirma catégorique, alors qu'il cherchait ses bijoux de famille « la couillonnade, c'est la signature du ratel. Je suis damné, il m'a fauché mes testicules ».

Le paresseux

Avec son air toujours à la cool, gare à la crise cardiaque, notre précieux et étrange zombie tout mou donnerait du fil à retordre à la plus grande feignasse de l'humanité. Ses faux airs de peluche animée aux piles usées feraient bonne figure parmi le tas de teddy-bears des enfants ou sous le sapin au réveillon de Noël. On croirait à un protecteur d'enfants conçu pour le monde de Peter Pan, perdu dans un monde d'adultes-enfants mais dont la phase de production aurait connu des ratées ou des phases d'expérimentations. Un prototype qui n'aurait pas connu la sortie d'usine, parce que ressemblant à tout et à rien en même temps.

Vivant dans la canopée, il ferait davantage penser à un Tarzan grabataire ou bien à une espèce improbable dont il serait le seul représentant, passant son temps à tirer des douilles de marijuana avec une pipe à eau onirique. Sorte d'infra humain à deux de tension, un peu comme moi quand je pars en villégiature dans la canopée de mes chimères et personnages de fictions, notre ami, fidèle lecteur, passe le plus clair de son temps dans les arbres. Il faut dire que l'enfoiré n'est pas un champion du sprint surtout quand on voit la flopée de prédateurs qui lui colle aux basques. 0, 6 kilomètres/heure à fond de cale dans les startingblocks. De quoi faire frémir les illustres champions du 100 mètres.

Remarquons tout de même que sa force de survie tient beaucoup moins à la fuite qu'à l'illusion d'une immobilité parfaite. Le mouvement ne passe pas inaperçu dans la jungle sud-américaine et cette rhétorique de la passivité irait sans doute très bien aux explications et justifications fumeuses du « Duke » du merveilleux film des frères Cohen « The BIG Lebowsky ». Imaginez un peu la situation, du plus grand branleur de tous les temps, affublé d'un peignoir de bain, subissant la visite inopinée de truands prenant notre acolyte pour le mauvais homonyme. Imaginez qu'avec ses deux compères fanatiques de bowling, Donnie et Walter, il vienne réclamer, avec le plus grand culot de l'histoire de l'humanité, un dédommagement à l'homonyme millionnaire parce que des gangsters ont pissé sur son tapis.

Le paresseux et sa digestion excessivement lente, ne descend de la canopée qu'une fois par semaine pour perdre un tiers de son poids. Et son toupet tient probablement au pied de nez qu'il fait à Dame nature qui ne reconnait que la dialectique binaire manger ou être mangé. Même les gros bras de Schwarzenegger n'ont pas convaincu face à Predator et sa tronche de phacochère anthropomorphe. Grimé en bonhomme de terre, le camouflage oisif constitue son salut d'invisibilité primordiale. Schwarzy et le paresseux sont frères siamois.

Soumis à la névralgie du hibou, les huit ou neuf cervicales du paresseux lui confèrent une vue panoramique sur l'étendue de la jungle depuis la canopée. Quand je pense que la peluche sans pile se fatigue davantage en dormant à risquer un torticolis ou ce genre de faux mouvement, je me dis que j'ai plus qu'à me coltiner une névralgie de chouette renfrognée pour pas me lever le matin. Une blessure de sportif pris dans le tumulte de l'effort de Sisyphe. On cultive l'hypocondrie, la paranoïa et les rêveries scénaristiques les plus diverses et l'on prétexte un besoin impérieux de jouer à l'albatros maudit et calamiteux.

Reste que Zootopia, ville de la cohabitation utopique inter-espèces, plante le décor avec une adorable lapine flic faisant équipe avec un renard roublard. Trait d'humour tordant : le destin les amène à obtenir les renseignements d'un paresseux à l'efficacité standard pour un paresseux et un tantinet excessif pour un fonctionnaire. Mais la farce fonctionne. Sans compter notre ami Sid adorable paresseux de l'âge de glace, sorte de souffre-douleur dans sa famille, comment ne pas y voir une fresque familiale irrésistible ? Ce Gaston Lagaffe animalier va devoir éprouver sa nature profonde de paresseux à contre-emploi aux côtés de ses nouveaux amis. Comment ne pas jouir sans entrave, paresseux ou non que nous sommes, quand on préférerait se fouler les pouces à la console de jeux plutôt que d'aller turbiner ?

La saynète z'anibouffonne

— Chéri puisque tu cherches un emploi, tu auras le temps d'aller chercher les enfants à l'école ?

— L'ennui quand on a un éventail de choix aussi large c'est que la prospection c'est très chronophage. Il faudrait avoir le don d'ubiquité et je ne suis pas un Dieu.

— Chéri commence par être toi en travaillant sur ta flemmingite aigue. Je ne te demande pas d'être partout au même moment, comme une maman, mais au moins atterris quelque part.

— Le toubib me prodigue beaucoup de repos et les études sur l'emploi montrent qu'un salarié est plus performant lorsqu'il prend le temps de se ressourcer. Ça fiche le cancer, le stress.

— Mais toi, t'es un stressé mou.

— Le toubib m'a diagnostiqué un tassement de vertèbres, mon dos me fait un mal de chien.

— Fais gaffe à tes singeries et tes farces. A force de rester au pieux tu risques de retourner dans la canopée parce qu'à vrai dire je crois que tu as un chromosome commun avec cette bête-là. Oui c'est ça mon mari est un paresseux, farci de bonne conscience « le mieux est l'ennemi du bien ».

— Tu ne sais pas combien c'est éprouvant tous ces effets secondaires pour le corps. Tu en connais beaucoup toi qui accepteraient ce job ?

— Ça, un job ? Tu as plus peur d'affronter la journée en adulte responsable, de lire le journal le matin pendant ton café et de prendre le métro que de déglinguer ton corps pour de l'argent en misanthrope neurasthénique. Tu es un hypocondriaque à géométrie variable. Un tartuffe.

— Parce que tu crois que c'est facile d'accepter d'être le cobaye d'un laboratoire pharmaceutique ?

Le gavial

Crocodilien pas comme les autres, ce spécimen pour le moins atypique, a de quoi inspirer Mr Bricolage. Si je croisais sa route « comme si j'allais un jour décider de faire un brin de toilette dans le Gange », je serais sans doute frappé du désir brûlant de fourrager dans ma boite à outils, d'y dénicher des ustensiles analogues à la tronche de ce croco édulcoré. Même les crocos Haribo me terrifiaient davantage quand j'étais gosse. Sa dégaine me donne des envies irrésistibles de bricoler une maison en bois sur pilotis au-dessus du bayou ou d'une mangrove aux eaux saumâtres pour jouer les Tom Sawyer et les chasseurs d'alligators avec mes camarades fantoches. Mère des outils, les ciseaux cranteurs m'inspirent une fulgurance de fonctionnalités extirpées d'un crâne de funeste caïman.

Face au burlesque de sa mâchoire en ciseaux cranteurs, les super-prédateurs au sommet de la chaine alimentaire ressortent hilares et attendent fermement les cartes de vœux dentées et les albums photos pour vous souhaiter de bonnes fêtes dans l'attente que vous remplissiez leur estomac insatiable. Utilisés par ma mère en petite section de maternelle pour rosser les mauvaises énergies des bambins éruptifs qui se perdraient s'ils ne faisaient pas de découpage et de coloriage, les ciseaux-crocodile s'illustrent comme l'outil des enfants.

Avec sa figure de croco éventé et interdit, notre ami a de quoi faire frémir les herbivores et les villageois à qui il prendrait la malheureuse idée de faire la lessive dans le fleuve indien. Peut-être les mères les plus téméraires s'empareraient-elles de leur tronche en battoir pour battre le linge dans un souci de dangereuse hygiène textile. Les jours de lessive, le Gange fait figure de bain moussant géant et nul ne saurait y voir le moindre mal, à moins que par mégarde on ne se dérobe à sa responsabilité jusqu'à jeter le bébé avec l'eau du bain. Si Ramsès 2 avait eu deux gavials pour sbires, Moïse aurait pu se fabriquer des bottes en croco lui et son peuple pour traverser le désert ; parce qu'avec des crocos du Nil, tu fais quand même plus attention à pas laisser trainer tes mains. Et tu tailles pas le bout de gras sans te savoir en sureté absolue.

La saynète z'anibouffonne

Au musée magnifique de l'art content pour rien, en l'an privilégié des passions tristes, l'exposition permanente ne s'inscrivait plus dans l'histoire. Lambrissés de miroirs et de fantaisistes créations frappadingues prisées par des commerciaux traquant le nec plus ultra de la provoc, les lieux scintillaient de poudre aux yeux.

Un sculpteur avait façonné dans une drôle de matière un anus horribilis géant où l'on pouvait lire plus bas « Stargate ou le trou noir eschatologique », des pelures de légumes se répandaient en vomissures dans une étonnante démonstration de land art face auxquelles d'innombrables bonobobos et autres dandys savants se branlaient généreusement en expliquant que l'art c'était du concept. Une vraie bite nourrie par un afflux sanguin artificiel et passant à travers un glory hole que le propriétaire avait décidé de léguer non pas pour son amour de la science mais pour cette nouvelle religiosité de la chose publique, se pâmait gracilement. Et des enchères sonnaient le tocsin des tendances esthétiques.

Bien vite, les arbitres des élégances et autres commissaires-priseurs plébiscitèrent à un prix stratosphérique une œuvre confinant à dieu sait quel delirium psychotique. Au beau milieu, une foule s'était formée autour d'un gavial en forme d'urinoir, ouvrant religieusement une gueule béante tandis qu'un dandy snob sortit sa bite. Il pissa toute la fête de la bière et les followers braillèrent dans un tonnerre d'applaudissement. L'un d'eux demanda à son camarade esthète :

— Dès qu'il s'agit de déboulonner la dignité de l'homme et les règles de bienséance, ils sont champions.

— Ces crocos-là, ils sont piscivores.

Le renard volant

Le renard volant, vampire des

Philippines

Dotée d'une voilure sans équivalent, la chauve-souris géante n'a pas d'égale sur terre mis à part nos ados et geeks noctambules errant dans leur chambre aux faux airs de décharge publique. Car vivant dans des grottes humides et lugubres quand elles ne patrouillent pas les forêts tropicales en quête de figues mûres, ces roussettes frugivores ne sont pas sans rappeler nos jeunes nihilistes errant dans leurs cavernes platoniciennes. La lumière du jour, le soleil d'Appolon les ferait presque brûler vifs dès qu'on cherche à leur montrer la voie. L'obscurité leur fait ressentir plus de parenté avec Batman l'homme chauve-souris cet orphelin par analogie, qu'avec les parents ringards et rabat-joie qui parlent la langue des cons moralisateurs.

Avec sa tronche de majordome de maison hantée, elle ne manque pas de charme pour inspirer dramaturges et écrivains de l'épouvante. Lorsqu'elle se déploie dans le ciel et pour peu qu'on cherche à se faire peur, elle fait penser au vengeur masqué prêt à rendre la justice sur Gotham City quand il ne rappelle pas l'attachant Renard de Crash bandicoot, mascotte quasi éternelle de la toute première PlayStation.

Un flot de superstitions et de croyances locales au rayonnement pourtant universel nourrit votre effroi à travers mythes, romans et cinéma, cher lecteur. C'est le cas du fameux Dracula de Bram Stoker adapté par Coppola quand il ne suce pas le sang la nuit de vos âmes esseulées.

Si vos aliens noctambules rentrent de boite la nuit pour dévaliser le frigo ou bien que vous les retrouviez ivres-morts et habillés dans la baignoire, ne vous inquiétez pas, car à l'instar des chauves-souris géantes ils savent dormir la tête en bas et ne se formalisent pas sur les moisissures et la pénicilline. Ils savent s'aérer le cerveau et les méninges en se ventilant grâce à leurs ailes pourvues de terminaisons nerveuses exactement comme le font les éléphants avec leurs oreilles.

La saynète z'anibouffonne

La grotte s'étirait en boyaux boueux et distribuait des salles et des excavations dignes d'un opéra gothique. Nul n'aurait imaginé la profondeur ni les arrière-mondes lugubres qui se déployaient comme des tiroirs dans des tiroirs, des ramifications calcaires et géologiques sédimentées dans ce dédale tortueux.

Féru d'exploration sous-terraine et disposant d'un appétit fort pour la découverte de reliques géologiques passées, le spéléologue arborait une fascination insatiable pour les entrailles et le cœur de la terre. Il le disait en ces termes : « je pose mes oreilles sur le ventre-monde pour entendre les battements sous-jacents des organes de cette entité vivante ».

Sa femme lui disait toujours qu'il préférait passer ses week-ends dans les entrailles sordides et humides pour choper la pneumonie plutôt que de l'emmener au Spa, ce à quoi il rétorquait que certains niveaux comportaient des lacs d'eaux chaude, des geysers qu'il était tout disposé à partager si elle décidait de l'accompagner. Mais la boue sur la figure ne l'intéressait que dans les salons de beauté, pas ce délire malsain de son mec à ramper dans la fange et la mare aux cochons. Elle avait d'ailleurs trouvé détestable et loin de toute valeur hygiénique normale, le fait qu'il raconte ses bivouacs et ses conversations interminables qu'il entretenait avec les dames blanches ailées dormant la tête en bas.

C'était comme une obsession grandissante qui avait fini par lui infecter la cafetière. Bob, c'était son nom, avait pété une durite et les heures interminables passées sous terre d'une, lui avait fait perdre la notion du temps, incapable de savoir quel jour on était, et deux, avait bétonné un ciment social relevant plutôt de signaux électriques capables de se comprendre sans arrière-pensée. Les créatures ailées le comprenaient, nourrissaient ses songes et s'activaient à la tombée de la nuit, lui qui n'avait jamais voulu manquer le réveil de la colonie nichée aux plafonds immenses prêtes à s'envoler pour la chasse. Le sonar aiguisé comme un dard, les chauves-souris se repéraient par des sons imperceptibles à l'oreille humaine et ne manquaient jamais leur cible. Mélinda avait exercé son droit de regard et de véto automatique sur son mode de vie renfrogné aux antipodes d'une vie de couple saine et raisonnable. Elle s'était montrée peu compréhensive, loin de lui décerner les bons points des circonstances atténuantes de type : « il a besoin d'un espace à lui, il ne peut toujours se résoudre à fusionner constamment avec toi de peur d'être avalé dans ta forte personnalité » lui avaient fait remarquer ses copines du club de gym.

Mélinda l'avait sommé d'arrêter ses glauques escapades et l'avait mis au pied du mur. Ou bien il cessait immédiatement ses ridicules villégiatures de naturaliste raté avec les chauve-souris géantes, ces renards volants lui avait-il maintes fois fait remarquer, ou bien elle le quittait séance tenante pour un trader qui lui faisait du rentre-dedans et qui préférait de loin les brûlants saunas nordiques.

Mais la passion ne fait pas dans la demi-mesure. Bob finit par penser chauve-souris jusqu'à ce que l'image de Mélinda lui évoque un automatique et rédhibitoire « chauve qui peut » ; blessée dans sa chair, l'amoureuse délaissée déposa plainte pour emprise mentale, arguant le fait indubitable qu'il exerçait sans l'ombre d'un doute, une emprise délétère sur sa personne fragile. Sur sa personne en poupée de porcelaine. Frappée par le virus de la femme abandonnée, la procédurière développa toute une rhétorique en bonne avocate qu'elle était du sortilège incurable à vampiriser les âmes. Au contact des créatures ailées hantant les songes des flippés, le démon vampirisant les cervelles malléables s'accrochait comme une sangsue et n'avait pas hésité une seconde à la rendre exsangue en vitalité jusqu'à la déposséder de tous ses moyens et ses aptitudes à l'autonomie, avait-elle stipulé. « C'est un vampire, un suceur de sang, avait-elle plaidé ».

Retrouvez aussi :

Et bientôt :

www.ingramcontent.com/pod-product-compliance
Lightning Source LLC
Chambersburg PA
CBHW040243240726

48664CB00001B/246